Planificador de Clases, Conferencias y Estudios bíblicos

Dr. Natanael Valenzuela

Dr. Natanael Valenzuela

Obra de derechos reservados por

Taskforce Publishing Group, INC y Dr. Natanael Valenzuela

Dr. Natanael Valenzuela

Taskforce Publishing Group, INC

valenzuelanatanael@gmail.com

www.devocionalesyagendas.com

www.imprimahoy.com

NC, USA

2021

Contenido

Importancia de la Planificación 7

Método de observación para preguntas críticas en la clase 8

El maestro de clases bíblicas 10

    EL MAESTRO Y SU EXPERIENCIA CON DIOS 11

    LO QUE EL MAESTRO DEBE HACER 12

    METAS QUE DEBE TENER EL MAESTRO 12

    EL DESEO DE APRENDER 13

    LA SINCERIDAD DEL MAESTRO 14

    COMUNIÓN CON DIOS 14

Elementos de una lección 16

Lección modelo 17

    Fecha _____ 21

    Fecha _____ 24

    Fecha _____ 27

    Fecha _____ 30

    Fecha _____ 33

    Fecha _____ 36

    Fecha _____ 39

    Fecha _____ 42

    Fecha _____ 45

    Fecha _____ 48

    Fecha _____ 51

    Fecha _____ 54

    Fecha _____ 57

    Fecha _____ 60

    Fecha _____ 63

    Fecha _____ 66

    Fecha _____ 69

    Fecha _____ 72

    Fecha _____ 75

Fecha _____	78
Fecha _____	81
Fecha _____	84
Fecha _____	87
Fecha _____	90
Fecha _____	93
Fecha _____	96
Fecha _____	99
Fecha _____	102
Fecha _____	105
Fecha _____	108
Fecha _____	111
Fecha _____	114
Fecha _____	117
Fecha _____	120
Fecha _____	123
Fecha _____	126
Fecha _____	129
Fecha _____	132
Fecha _____	135
Fecha _____	138
Fecha _____	141
Fecha _____	144
Fecha _____	147
Fecha _____	150
Fecha _____	153
Fecha _____	156
Fecha _____	159
Fecha _____	162
Fecha _____	165
Fecha _____	168
Fecha _____	171
Sobre el Autor	174

Universidad Teológica Internacional 176
    Pedagogía Cristiana 176
Internados 177
Tesis y títulos 177
Requisitos de Admisión 177

Importancia de la Planificación

"La planificación es, sin duda, uno de los estadios más importantes en el proceso educativo. Es el primer paso para lograr el aprendizaje completo y eficaz de los contenidos que requieren los alumnos. Es más, con una buena planificación los resultados son mucho más previsibles y por ende es un buen augurio para una evaluación satisfactoria."

"Aprender sin reflexionar es malgastar la energía".

Confucio

Planificar es imperioso para un profesor, pues permite juntar la teoría con la práctica. Es decir, poder hacer uso de los contenidos (teoría), que son más o menos estándares y comunes, de la forma más conveniente posible. De esta manera, una planificación apropiada implica que el docente pueda recurrir a diferentes herramientas y metodologías para que los contenidos programáticos lleguen de mejor manera a los alumnos.

Pensar con anterioridad las clases, permite secuenciar y segmentar el contenido, haciéndolo coherente y funcional, lo que repercute directamente en la capacidad de los alumnos para apropiarse y asimilar las lecciones de manera global e íntegra.

Es también necesario, que la planificación se pregunte por los objetivos, tanto generales como específicos, pues sólo de esta manera se pueden analizar los resultados de la enseñanza, con relación a si se cumplen de buena manera o no. Así, una planificación basada en objetivos guiará y encauzará las sesiones, permitiendo un ordenamiento más eficaz.

Sin embargo, no hay que olvidar que la enseñanza es un proceso dinámico, en que influyen muchas variantes que a veces escapan al control y planificación. Por esto, no siempre hay que ver la planificación como una instancia rígida sin posibilidad de cambio. La planificación debe ser vista más que nada como una importante guía de apoyo, que a veces puede modificarse debido a circunstancias especiales.

Finalmente hay que tener en consideración que una planificación seria requiere de ciertos antecedentes previos que ayuden en la tarea, pues la planificación necesariamente debe tomar en cuenta condiciones de los alumnos, de infraestructura, de herramientas educativas, de la directiva, etc.[i]

Método de observación para preguntas críticas en la clase

Este método, es importante para generar procesos de aprendizaje basados en el respeto al otro y en la escucha.

El docente o quien lidera la actividad debe estar bien informado sobre el tipo de preguntas que va generando, ya que este aspecto es básico para garantizar la productividad de la actividad.

R.W. Paul (s.f) diferencia seis tipos de preguntas:

1- Preguntas conceptuales aclaratorias

Básicamente son preguntas que ayudan a profundizar más en un tópico determinado:

¿Por qué dice usted eso?

¿Qué quiere decir exactamente esto?

¿Puede darme un ejemplo?

¿Lo qué usted quiere decir es…..o…..?

2- Preguntas para comprobar conjeturas o supuestos

Esto les replantea a los estudiantes las bases en las que se están apoyando; con esto se pretenden avances conceptuales.

¿Parece que usted está asumiendo que…?

¿Por favor explique por qué o cómo?

¿Cómo puede usted verificar sobre eso?

¿Qué pasaría si…?

¿Usted está de acuerdo o en desacuerdo con….?

3- Preguntas que exploran razones y evidencias

Se piden razones, pues con frecuencia los estudiantes utilizan apoyos que no han sido suficientemente pensados o soportes pobremente comprendidos para sus argumentos.

¿Por qué está sucediendo esto?

¿Cómo sabe usted esto?

¿Puede mostrarme?

¿Me puede dar un ejemplo de eso?

¿Por qué está pasando…?

¿Qué evidencia existe para apoyar lo que usted está diciendo?

¿Quién dijo eso?

4- Preguntas sobre puntos de vista y perspectivas

Para mostrar a los estudiantes que existen otros puntos de vista igualmente válidos.

¿De qué otras maneras alternativas se puede mirar esto?

¿Podría explicar por qué es esto necesario o beneficioso y a quién beneficia?

¿Cuál es la diferencia entre… y …?

¿Cuáles son las fortalezas y debilidades de…?

5- Preguntas para comprobar implicaciones y consecuencias

Lo que se puede pronosticar o predecir. Se evalúan las consecuencias.

¿Y entonces qué pasaría?

¿De qué manera … afecta …?

¿En qué forma … se conecta con lo que aprendimos antes?

¿Por qué … es importante?

¿Qué está insinuando usted?

¿Por qué es mejor esta propuesta que aquella …? ¿Por qué?

6- Preguntas sobre las preguntas

Relanzar las preguntas hacia los estudiantes o hacia las preguntas mismas.

¿Cómo respondería usted…?

¿Cuál era el punto de formular esta pregunta?

¿Por qué cree usted que formulé esa pregunta?

¿Qué quiere decir eso?

¿Cómo aplica … en la vida diaria?

El maestro de clases bíblicas

- Debe tener una relación personal con Cristo Jesús.
- Debe vivir la vida cristiana en obediencia a la palabra de Dios. No puede vivir en abierto desacuerdo con los principios bíblicos.
- Debe ser sensible, tierno e interesado en las necesidades de los otros.
- No debe temer el trabajo duro, ya que la enseñanza requiere horas de preparación y estudio, además del desgaste emocional y espiritual al enseñar.
- Debe ser creativo con ideas originales, y saber buscar ideas de otras fuentes. Debe ser capaz de adaptar las lecciones a los alumnos con pensamientos nuevos.
- Debe tener una actitud positiva y entusiasta. El carácter del maestro influye en la enseñanza. No debe ser demasiado pasivo ni pesimista.
- Debe ser persona con autoridad. Esa cualidad puede desarrollarse cuando hay una auténtica convicción de que estamos ocupados en un ministerio espiritual importante. La inseguridad es lo que hace perder sus cualidades de líder a muchas personas.

Ser maestro de la palabra de Dios, es el mayor privilegio que se puede gozar. Significa estar íntimamente vinculado al Maestro por Excelencia, nuestro Señor Jesucristo, ya que gran parte de su ministerio comprendía la enseñanza. Él delegó poder y autoridad a sus seguidores para que continúen esa labor.

Y les dijo: "Id por todo el mundo y predicar el evangelio a toda criatura. El que creyere y fuere bautizado será salvo; más el que no creyere, será condenado." Marcos 16:15-16.

"Pero recibiréis poder, cuando haya venido sobre vosotros el Espíritu Santo, y me seréis testigos en Jerusalén, en toda Judea, en Samaria, y hasta lo último de la tierra." Hechos 1:8.

Dios ha puesto sus ojos en los maestros, y ese deseo de enseñar que brota desde lo profundo de su ser, no es sino un llamado del Señor.

Él necesita de usted para la educación de sus "joyas", los niños y las niñas que el tanto ama. Sus inmortales vidas representan gran valor. Jesús murió por cada uno de ellos en la cruz. No derramó su preciosa sangre, en precio de rescate, solamente por los adultos, sino que también lo hizo por los niños.

La vida de un niño se puede comparar a una hoja de papel en blanco. Cada persona que pasa por su lado, escribe algo en esa hoja.

Al llamarle para ser maestro, Dios dispuso que usted ayuda a otros seres humanos a aprender. No importa cuán grande o cuán pequeño sea a quien enseñe, siempre estará centrado alrededor de tres factores:

- El Maestro
- La Lección
- El Alumno

EL MAESTRO Y SU EXPERIENCIA CON DIOS

No se pueden compartir experiencias que no se hayan vivido. Teóricamente el maestro puede explicar muchas cosas, pero, solamente puede impactar en la vida de sus alumnos cuando respalda la teoría con experiencias personales.

Para el maestro cristiano, el nuevo nacimiento es su primera y gran experiencia con Dios. Para poder enseñar, tiene que ser salvo y lavado de sus pecados por la sangre de Jesucristo y debe haber obedecido plenamente el mandato en Hechos 2:38: "Arrepentíos, y bautícese cada uno de vosotros en el nombre de Jesucristo para perdón de los pecados; y recibiréis el don del Espíritu Santo"

Es sumamente importante ser lleno del Espíritu Santo. Hay tantas cosas que quieren ocupar lugar en nuestro interior y nos invaden, a menudo, pensamientos de diversa índole, mayormente negativos. Por ello, necesitamos la llenura del Espíritu Santo, para que las cosas del mundo no hallen cabida. El egoísmo, la envidia, la hipocresía, y tantos más, tendrán que dar media vuelta a la puerta del corazón, pues ya estará ocupado por el Espíritu del Señor.

El maestro que abre su vida al Señor, producirá el fruto del Espíritu Santo y podrá respaldar su enseñanza con experiencias reales. Me duele decir que, hay muchos maestros que enseñan la Biblia, sin gozar de una relación personal con Dios. Son "ciegos guías de ciegos", como lo expresa Jesús en Mateo 15:14 como resultado, tanto el maestro como sus alumnos, caen en el hoyo.

Pablo podría afirmar: "Yo sé en quien he creído" (2 Timoteo 1:12). Esa firme fe en el Señor y Su Palabra, debe caracterizar a cada maestro; no sólo delante de sus alumnos, en un día domingo, sino cada día de la semana y en cualquier situación o lugar. Jesucristo dijo: "Vosotros sois la luz del mundo, una ciudad asentada sobre un monte no se puede esconder. Ni se enciende una luz y se pone debajo de un almud, sino sobre el candelero, y alumbra a todos los que están en casa. Así alumbre vuestra luz delante de los hombres, para que vean vuestras buenas obras, y glorifiquen a vuestro Padre que está en los cielos." Mateo 5:14-16.

LO QUE EL MAESTRO DEBE HACER
- Leer y estudiar continuamente la Biblia y las fuentes que le ayudarán a ser mejor maestro.
- Debe preparar su lección cada semana dedicando el tiempo necesario para que ser parte de su propia vida y se adate a las necesidades de sus alumnos.
- Debe llegar a tiempo para cada clase y procurar que los alumnos hagan lo mismo. Es una responsabilidad concreta, y al no hacerlo, demuestra que no considera importante la labor de enseñar.
- Debe orar por sus alumnos durante la semana. Recordar sus necesidades y también visitarles de vez en cuando. La relación personal maestro-alumno es importantísima.

MÉTODOS DE ESTUDIO PARA EL MAESTRO
- Busque un lugar tranquilo para estudiar.
- Reúna todos los materiales de estudio para luego no interrumpir el estudio.
- Escoja una hora del día cuando su mente esta activa y alerta.
- Este cómodo: Tenga mesa y silla, suficiente aire y luz.
- Sea disciplinado: No espere inspiración para estudiar, hágalo como hábito para el Señor.
- Prepare la lección con tiempo: El estudiar a última hora resulta en mala preparación y perder los resultados deseados en los alumnos.
- Alterne su actividad: Lea la porción bíblica, luego ore por los alumnos, estudie mapas y comentarios, memorice el texto principal (áureo) y practique el uso del material visual.

METAS QUE DEBE TENER EL MAESTRO
- Que el alumno aprenda la lección, que la entienda.
- Que el alumno guarde las verdades bíblicas en su mente y corazón.
- Que la vida del alumno sea transformada como resultado de la enseñanza.
- Que las necesidades espirituales del alumno encuentren respuesta a través de las lecciones.
- Que el alumno llegue a ser investigador incansable de la Palabra de Dios, buscando siempre profundizar en la verdad y su relación con la vida humana.

- Que el alumno llegue a tal nivel de motivación que sea un maestro para otros también.

MANERAS DE PREPARAR LA LECCIÓN
- Una limitada preparación: Sólo lee la porción bíblica y el manual del maestro.
- Una mejor preparación: Estudia para la lección tomando notas y consultando libros de referencia.
- Una buena preparación: Apunta ilustraciones personales y explicaciones que se relacionan con la vida de los alumnos.
- Una excelente preparación: La lección inspira y cambia aún al maestro, y como resultado la lección es enseñada con unción y poder del Espíritu Santo.

LA INFLUENCIA DEL MAESTRO

Como maestro, debe reconocer la influencia que su vida ejerce sobre los alumnos. Ante ellos, usted es un representante de Jesús, y lo que ellos le vean hacer, guiará, en gran parte, del destino de sus vidas. Trate de ejercer sobre ellos una influencia positiva.

El maestro enseña un poco por medio de lo que dice, algo más por medio de lo que hace, mucho más por medio de lo que es.

La vida y la personalidad del maestro es la lección más poderosa que puede enseñar. No son, en primer lugar, las elocuentes palabras que influyen en el niño, sino la vida santa del instructor: una vida entregada de lleno al Señor Jesús.

EL DESEO DE APRENDER
Lo más importante en la vida del maestro no es enseñar sino aprender, y ¡aprender de Jesús! Por cierto, debe leer y estudiar buenos libros, conocer de pedagogía y tratar de mejorar sus métodos de enseñanza, pero lo primordial es que aprenda de Jesús mismo, por medio de una vida de íntima comunión con él. Él es el Maestro por Excelencia y nadie nos pude enseñar mejor.

Para aprender hay que estudiar; en este caso, la Biblia, pero también otra buena literatura. El conocimiento no es una carga pesada y el tiempo dedicado al estudio, nunca es tiempo perdido.

LA SINCERIDAD DEL MAESTRO

La vida del maestro necesita ser transparente como la luz. Debe poder decirse de él, lo mismo que Isaías profetizó respecto a Jesús: "... ni hubo engaño en su boca" (Isaías 53:9).

Jesús fue sincero con sus seguidores. Día tras día, ellos compartieron con él la abundancia y la escasez, la alegría y el dolor, la aclamación de los admiradores y las burlas de los enemigos. Ellos lo conocieron en la intimidad del hogar y entre grandes multitudes, y nunca lo vieron actuar con hipocresía.

Los hechos y las palabras de los maestros deben ser como Pablo dijo "Con Cristo estoy crucificado, y ya no vivo yo, mas vive Cristo en mí..." (Gálatas 2:20).

COMUNIÓN CON DIOS

Para vivir una vida ejemplar y fructífera, es indispensable desarrollar una diaria e íntima comunión con Dios por medio de la oración y el estudio de su palabra.

La Oración es el medio por el cual podemos experimentar milagros en nuestra vida. Para el maestro es importante orar como un niño, orar por un niño, orar con un niño.

Jesús dijo: "Si no os volvéis y os hacéis como niños..." (Mateo 18:3). Los niños son sinceros, humildes y dependientes, ya que todavía no han descubierto, lo que en el mundo adulto es tan conocido, las dudas. No es suficiente orar como un niño, sino necesitamos también orar por los niños. Pida por cada uno de sus alumnos, para que ellos puedan poner sus jóvenes vidas en manos de nuestro poderoso Señor Jesús. Al ser constante en la oración por sus alumnos, usted como maestro, no tardará en experimentar el gozo de orar con un niño. No hay mayor felicidad. El estudio de la palabra va mano a mano con la oración. Por medio de la oración el maestro habla con Dios. Por medio de la lectura de la Palabra, el maestro ofrece a Dios una oportunidad de hablarle.

COMUNIÓN CON LOS HERMANOS

Como hijo de Dios y maestro cristiano, usted forma parte de una gran familia. Y tiene hermanos en cada país del mundo, ahora le toca aprender a vivir en paz con aquellos que están cerca a usted.

Jesús habló acerca de los más grandes mandamientos: El amar a Dios sobre todas las cosas, y el amar al prójimo como a sí mismo (Mateo 22:37-40). También nos dio un mandamiento nuevo: "Este es mi mandamiento; Que os améis unos a otros, como yo os he amado." Juan 15:12. El maestro necesita tener disposición para trabajar lo mismo que tuvo Jesús. Tiene que saber que está realizando una labor que producirá fruto para la eternidad[ii].

Elementos de una lección

Tema	Titulo o tema de la clase
Objetivo	Conducta demostrable o conocimiento aplicable después de la lección
Versos bíblicos	Base bíblica de la clase
activación conocimiento Previo	Puente entre lo pasado y lo nuevo para promover continuidad
Demostración (Yo hago)	Ponencia de parte del maestro donde: Habla Se hace preguntas Expone conceptos Define y clarifica
Trabajo en común (Hacemos)	Pide apoyo y "ayuda" a los estudiantes para descubrir los conceptos, preguntas y significados dentro del tema
Trabajo Independiente (Haces)	Los estudiantes, ya sea solos, en pareja o en pequeños grupos realizan tareas sobre el tema
Evaluamos	Se recuerda el objetivo y analizamos juntos si los alumnos pueden explicarlo, juzgarlo, implementarlo o evaluarlo
Retos (Tareas)	Motivar con preguntas a los alumnos sobre lo que van a hacer con el tema al incorporarlo a sus vidas.

Lección modelo

Tema	Discipulado conforme al modelo de Cristo
Objetivo	Establecer diferencias entre Mentor, Discípulo y Estudiante
Versos bíblicos	Isaías 54:13 Marcos 3:13-15 Santiago 1:22 Hechos 19: 13-16 Mateo 28: 19
activación conocimiento Previo	Hasta hoy hemos hablado y aprendido lo que es un creyente, un discípulo y hemos analizado incluso lo que es un hijo y la importancia del ADN en la vida de la familia. Estudiamos que el hijo se parece al padre. Que de la misma manera que la gente ve a Dios padre en Jesús, de la misma manera esperamos que puedan ver a Dios a través de nosotros. A ver; dos voluntarios para una pequeña guerra de declaraciones. Uno dice una característica de un creyente y otro dice la característica de un discípulo. ¿Alguien me dice que diferencia hay entre una persona de la calle y un hijo dentro de la casa?
Demostración (Yo hago)	¿Me ayudan a marcar la biblia con los versos del día? Leemos Anótelos en su libreta para que haga su diario después. Me pregunto la diferencia entre un discipulado y un evento de negocios. Ya; me acuerdo en un evento de negocios busco ventajas competitivas, busco socios, busco personas que compren mis libros y que se inscriban en la universidad. Busco gestionar relaciones comerciales sin entrar en nada personal. En un discipulado la socialización queda relegada a un plano secundario. Estamos para identificar, adiestrar, enseñar, equipar y desarrollar el potencial integral de la persona para la obra del ministerio. Pero si el discipulado es un mandato de Jesús según Mateo 28:19 entonces el que dirige un discipulado es algo así como un mentor. ¿Pero que es un mentor? De acuerdo con la internet; Persona, que, con mayor conocimiento o experiencia, ayuda a otra persona con menos experiencia o conocimiento. En el caso bíblico también es una persona "Espiritual" que guía a otros a ser como Cristo. Les brinda amor, cuidado pastoral y constantemente intercede por ellos. El mentor está comprometido con Dios, con la obra y consigo mismo. ¿Por qué no hay más mentores?

¿Por qué todos Sus hijos no se entreguen a esta obra más elevada y sagrada?

¿Por qué muchos de los que lo hacen, no se comprometan más intensa y perseverantemente?

Se pregunta si los ministros de su evangelio se quejan de que sus deberes no les permiten encontrar tiempo para esto, y Él los cuenta como sus primeros, sus más altos, sus más encantadores, su único trabajo efectivo.

La Palabra de Dios: "La enseñanza de la Palabra de Dios" es un componente esencial común al discipulado corporativo y el personal. Dios no quiere que la Biblia sea vista solo como un texto académico, sino más bien como una revelación de su carácter. La Biblia es un medio por el cual los seres humanos pueden "saber" de Dios. Juan 17:3 dice "Esta es la vida eterna: que te conozcan a ti,"

. • El Espíritu Santo: La guía del Espíritu Santo siempre estará de acuerdo con Su Palabra. Esta guía busca vehementemente que todos los involucrados en el proceso de hacer discípulos oigan la voz del Espíritu y le obedezcan. No hay manera de crecer en las cosas espirituales sino es por el Espíritu de Dios (1 Corintios 2:6-16).

• Compromiso: Esto tiene que ver con la actitud del corazón del discipulador (padre espiritual), en lo que respecta al bienestar espiritual y el desarrollo del discípulo (hijo espiritual). Este es un compromiso que va más allá de la presentación de la palabra de Dios. La idea bíblica de un discípulo es ser un "aprendiz", no solo un estudiante. En esta relación de "discipulador/aprendiz" el amor cristiano está por encima de todo. Cuando ese amor gravita en nuestro corazón por el perdido y el que no conoce al Señor, tendremos entonces la actitud y el corazón de invertir nuestra vida en otros.

• Modelado: El discipulador es un modelo para el discípulo, en formas que van más allá de la relación de un profesor y un alumno. ¿Cómo se enseña la paciencia o la fidelidad, o la pasión? Estas cosas se observan, no son solo conceptos para escuchar.

• Atención individual: Discipulado personal no es solo una presentación académica del punto 1, o 2, o 3. Es una relación dinámica entre el que discipula y el discipulado. El material de esta guía está diseñado para ayudar al dialogo y la conversación que guie al crecimiento espiritual. La interacción se da entre dos o tres (o más) personas que se llegan a conocer y amar profundamente, con el objetivo claro de reproducir la vida de Cristo entre ellos y todos los demás que Dios traiga a esta amistad nacida de la Gran Comisión.

• Enfocados en Cristo. Hebreos 12:2 que dice "Puestos los ojos en Jesús, el autor y consumador de la fe..." es el centro de esta amistad cristiana. Esta guía se enfoca en Cristo, en oír la voz del Espíritu Santo, en metas concretas que nos ayuden a formar a Cristo en otros. Se persigue que todo "discípulo" tenga una actitud correcta y obediencia al Señorío de Cristo. El discípulo que se quiere formar en esta guía, ⌐ Es el de un aprendiz que desea ser semejante a su maestro (Lucas 6:40). ⌐ Desea conocer más a

	Dios no más de Dios (Lc. 10:38-42). Tiene la actitud de seguir al Señor no de guiar al Señor (Lc. 9:23-24) Y me pegunto que es un discípulo; aunque hemos leído y conversado sobre esto tiene varias características más que están dentro de su definición. Es un estudiante, un alumno y un aprendiz Mucha gente lamentablemente divide estas áreas y nunca puede llegar a ser discípulo. Porque estas áreas son partes de un todo. Como si estuviéramos hablando una casa. Y decir: un baño, una habitación y una puerta de entrada. Aunque son parte de una casa, solos no son realmente nada. Es como dice Jesús. Separados de mí, nada pueden hacer. El alumno, el estudiante y el aprendiz buscan formas de educarse para logar propósitos personales. Fuiste aprendiz de carpintería o fuiste a la universidad para ser maestra para logar un trabajo y ganar dinero. Somos estudiantes para que nuestras vidas mejoren y ser de hecho mejores personas en el ámbito social, económico, moral y efectivamente tener una mejor vida. Un discípulo se enfoca en "Ser como Su Maestro" y esa es la diferencia clave entre las partes del todo y el todo. Aunque cualquiera puede seguir, cualquiera puede ser creyente. Se necesita de todo para poder ser discípulo.
Trabajo en común (Hacemos)	Ayúdenme por favor. ¿Qué es un mentor? Díganme que características vemos en un mentor/Discipulador real? ¿Qué evidencias encontramos para asegurar que hay "simples estudiantes de la biblia? ¿Aprendices de ministerios? ¿Qué son esos? Se puede ser un discípulo sin ser alumno, estudiante, ¿obediente, dispuesto, sentado a los pies de su maestro? A ver; discutan en su grupo
Trabajo Independiente (Haces)	¿Qué características busca Dios en mi como Mentor de nuevos creyentes? ¿Cuántas personas he mentoreado en estos últimos dos años?
Evaluamos	Repasemos la clase ¿Qué es un mentor? ¿Qué diferencias hay entre un estudiante y un discípulo?
Retos (Tareas)	Permita que Dios le hable a través de estos versículos y escriba lo que el Espíritu le revele. Ore para que Dios le de las oportunidades de ser ambos, discípulo y mentor. Estudie otros materiales sobre el Mentor Cristiano para su conocimiento

Fecha _____

Tema	Titulo o tema de la clase estudio o conferencia
Objetivo	
Versos bíblicos	
activación conocimiento Previo	

Demostración (Yo hago)	
Trabajo en común (Hacemos)	

Trabajo Independiente (Haces)	
Evaluamos	
Retos (Tareas)	
Notas especiales	

Fecha _____

Tema	Título o tema de la clase estudio o conferencia
Objetivo	
Versos bíblicos	
activación conocimiento Previo	

Demostración (Yo hago)	
Trabajo en común (Hacemos)	

Trabajo Independiente (Haces)	
Evaluamos	
Retos (Tareas)	
Notas especiales	

Fecha _____

Tema	Titulo o tema de la clase estudio o conferencia
Objetivo	
Versos bíblicos	
activación conocimiento Previo	

Demostración (Yo hago)	
Trabajo en común (Hacemos)	

Trabajo Independiente (Haces)	
Evaluamos	
Retos (Tareas)	
Notas especiales	

Fecha _____

Tema	Titulo o tema de la clase estudio o conferencia
Objetivo	
Versos bíblicos	
activación conocimiento Previo	

Demostración (Yo hago)	
Trabajo en común (Hacemos)	

Trabajo Independiente (Haces)	
Evaluamos	
Retos (Tareas)	
Notas especiales	

Fecha _____

Tema	Titulo o tema de la clase estudio o conferencia
Objetivo	
Versos bíblicos	
activación conocimiento Previo	

Demostración (Yo hago)	
Trabajo en común (Hacemos)	

Trabajo Independiente (Haces)	
Evaluamos	
Retos (Tareas)	
Notas especiales	

Fecha _____

Tema	Título o tema de la clase estudio o conferencia
Objetivo	
Versos bíblicos	
activación conocimiento Previo	

Demostración (Yo hago)	
Trabajo en común (Hacemos)	

Trabajo Independiente (Haces)	
Evaluamos	
Retos (Tareas)	
Notas especiales	

Fecha _____

Tema	Titulo o tema de la clase estudio o conferencia
Objetivo	
Versos bíblicos	
activación conocimiento Previo	

Demostración (Yo hago)	
Trabajo en común (Hacemos)	

Trabajo Independiente (Haces)	
Evaluamos	
Retos (Tareas)	
Notas especiales	

Fecha _____

Tema	Titulo o tema de la clase estudio o conferencia
Objetivo	
Versos bíblicos	
activación conocimiento Previo	

Demostración (Yo hago)	
Trabajo en común (Hacemos)	

Trabajo Independiente (Haces)	
Evaluamos	
Retos (Tareas)	
Notas especiales	

Fecha _____

Tema	Título o tema de la clase estudio o conferencia
Objetivo	
Versos bíblicos	
activación conocimiento Previo	

Demostración (Yo hago)	
Trabajo en común (Hacemos)	

Trabajo Independiente (Haces)	
Evaluamos	
Retos (Tareas)	
Notas especiales	

Fecha _____

Tema	Titulo o tema de la clase estudio o conferencia
Objetivo	
Versos bíblicos	
activación conocimiento Previo	

Demostración (Yo hago)	
Trabajo en común (Hacemos)	

Trabajo Independiente (Haces)	
Evaluamos	
Retos (Tareas)	
Notas especiales	

Fecha _____

Tema	Titulo o tema de la clase estudio o conferencia
Objetivo	
Versos bíblicos	
activación conocimiento Previo	

Demostración (Yo hago)	
Trabajo en común (Hacemos)	

Trabajo Independiente (Haces)	
Evaluamos	
Retos (Tareas)	
Notas especiales	

Fecha _____

Tema	Titulo o tema de la clase estudio o conferencia
Objetivo	
Versos bíblicos	
activación conocimiento Previo	

Demostración (Yo hago)	
Trabajo en común (Hacemos)	

Trabajo Independiente (Haces)	
Evaluamos	
Retos (Tareas)	
Notas especiales	

Fecha _____

Tema	Titulo o tema de la clase estudio o conferencia
Objetivo	
Versos bíblicos	
activación conocimiento Previo	

Demostración (Yo hago)	
Trabajo en común (Hacemos)	

Trabajo Independiente (Haces)	
Evaluamos	
Retos (Tareas)	
Notas especiales	

Fecha _____

Tema	Titulo o tema de la clase estudio o conferencia
Objetivo	
Versos bíblicos	
activación conocimiento Previo	

Demostración (Yo hago)	
Trabajo en común (Hacemos)	

Trabajo Independiente (Haces)	
Evaluamos	
Retos (Tareas)	
Notas especiales	

Fecha _____

Tema	Titulo o tema de la clase estudio o conferencia
Objetivo	
Versos bíblicos	
activación conocimiento Previo	

Demostración (Yo hago)	
Trabajo en común (Hacemos)	

Trabajo Independiente (Haces)	
Evaluamos	
Retos (Tareas)	
Notas especiales	

Fecha _____

Tema	Titulo o tema de la clase estudio o conferencia
Objetivo	
Versos bíblicos	
activación conocimiento Previo	

Demostración (Yo hago)	
Trabajo en común (Hacemos)	

Trabajo Independiente (Haces)	
Evaluamos	
Retos (Tareas)	
Notas especiales	

Fecha _____

Tema	Titulo o tema de la clase estudio o conferencia
Objetivo	
Versos bíblicos	
activación conocimiento Previo	

Demostración (Yo hago)	
Trabajo en común (Hacemos)	

Trabajo Independiente (Haces)	
Evaluamos	
Retos (Tareas)	
Notas especiales	

Fecha _____

Tema	Titulo o tema de la clase estudio o conferencia
Objetivo	
Versos bíblicos	
activación conocimiento Previo	

Demostración (Yo hago)	
Trabajo en común (Hacemos)	

Trabajo Independiente (Haces)	
Evaluamos	
Retos (Tareas)	
Notas especiales	

Fecha _____

Tema	Titulo o tema de la clase estudio o conferencia
Objetivo	
Versos bíblicos	
activación conocimiento Previo	

Demostración (Yo hago)	
Trabajo en común (Hacemos)	

Trabajo Independiente (Haces)	
Evaluamos	
Retos (Tareas)	
Notas especiales	

Fecha _____

Tema	Titulo o tema de la clase estudio o conferencia
Objetivo	
Versos bíblicos	
activación conocimiento Previo	

Demostración (Yo hago)	
Trabajo en común (Hacemos)	

Trabajo Independiente (Haces)	
Evaluamos	
Retos (Tareas)	
Notas especiales	

Fecha _____

Tema	Título o tema de la clase estudio o conferencia
Objetivo	
Versos bíblicos	
activación conocimiento Previo	

Demostración (Yo hago)	
Trabajo en común (Hacemos)	

Trabajo Independiente (Haces)	
Evaluamos	
Retos (Tareas)	
Notas especiales	

Fecha _____

Tema	Título o tema de la clase estudio o conferencia
Objetivo	
Versos bíblicos	
activación conocimiento Previo	

Demostración (Yo hago)	
Trabajo en común (Hacemos)	

Trabajo Independiente (Haces)	
Evaluamos	
Retos (Tareas)	
Notas especiales	

Fecha _____

Tema	Titulo o tema de la clase estudio o conferencia
Objetivo	
Versos bíblicos	
activación conocimiento Previo	

Demostración (Yo hago)	
Trabajo en común (Hacemos)	

Trabajo Independiente (Haces)	
Evaluamos	
Retos (Tareas)	
Notas especiales	

Fecha _____

Tema	Titulo o tema de la clase estudio o conferencia
Objetivo	
Versos bíblicos	
activación conocimiento Previo	

Demostración (Yo hago)	
Trabajo en común (Hacemos)	

Trabajo Independiente (Haces)	
Evaluamos	
Retos (Tareas)	
Notas especiales	

Fecha _____

Tema	Titulo o tema de la clase estudio o conferencia
Objetivo	
Versos bíblicos	
activación conocimiento Previo	

Demostración (Yo hago)	
Trabajo en común (Hacemos)	

Trabajo Independiente (Haces)	
Evaluamos	
Retos (Tareas)	
Notas especiales	

Fecha _____

Tema	Titulo o tema de la clase estudio o conferencia
Objetivo	
Versos bíblicos	
activación conocimiento Previo	

Demostración (Yo hago)	
Trabajo en común (Hacemos)	

Trabajo Independiente (Haces)	
Evaluamos	
Retos (Tareas)	
Notas especiales	

Fecha _____

Tema	Titulo o tema de la clase estudio o conferencia
Objetivo	
Versos bíblicos	
activación conocimiento Previo	

Demostración (Yo hago)	
Trabajo en común (Hacemos)	

Trabajo Independiente (Haces)	
Evaluamos	
Retos (Tareas)	
Notas especiales	

Fecha _____

Tema	Titulo o tema de la clase estudio o conferencia
Objetivo	
Versos bíblicos	
activación conocimiento Previo	

Demostración (Yo hago)	
Trabajo en común (Hacemos)	

Trabajo Independiente (Haces)	
Evaluamos	
Retos (Tareas)	
Notas especiales	

Fecha _____

Tema	Titulo o tema de la clase estudio o conferencia
Objetivo	
Versos bíblicos	
activación conocimiento Previo	

Demostración (Yo hago)	
Trabajo en común (Hacemos)	

Trabajo Independiente (Haces)	
Evaluamos	
Retos (Tareas)	
Notas especiales	

Fecha _____

Tema	Título o tema de la clase estudio o conferencia
Objetivo	
Versos bíblicos	
activación conocimiento Previo	

Demostración (Yo hago)	
Trabajo en común (Hacemos)	

Trabajo Independiente (Haces)	
Evaluamos	
Retos (Tareas)	
Notas especiales	

Fecha _____

Tema	Titulo o tema de la clase estudio o conferencia
Objetivo	
Versos bíblicos	
activación conocimiento Previo	

Demostración (Yo hago)	
Trabajo en común (Hacemos)	

Trabajo Independiente (Haces)	
Evaluamos	
Retos (Tareas)	
Notas especiales	

Fecha _____

Tema	Titulo o tema de la clase estudio o conferencia
Objetivo	
Versos bíblicos	
activación conocimiento Previo	

Demostración (Yo hago)	
Trabajo en común (Hacemos)	

Trabajo Independiente (Haces)	
Evaluamos	
Retos (Tareas)	
Notas especiales	

Fecha _____

Tema	Titulo o tema de la clase estudio o conferencia
Objetivo	
Versos bíblicos	
activación conocimiento Previo	

Demostración (Yo hago)	
Trabajo en común (Hacemos)	

Trabajo Independiente (Haces)	
Evaluamos	
Retos (Tareas)	
Notas especiales	

Fecha _____

Tema	Titulo o tema de la clase estudio o conferencia
Objetivo	
Versos bíblicos	
activación conocimiento Previo	

Demostración (Yo hago)	
Trabajo en común (Hacemos)	

Trabajo Independiente (Haces)	
Evaluamos	
Retos (Tareas)	
Notas especiales	

Fecha _____

Tema	Titulo o tema de la clase estudio o conferencia
Objetivo	
Versos bíblicos	
activación conocimiento Previo	

Demostración (Yo hago)	
Trabajo en común (Hacemos)	

Trabajo Independiente (Haces)	
Evaluamos	
Retos (Tareas)	
Notas especiales	

Fecha _____

Tema	Titulo o tema de la clase estudio o conferencia
Objetivo	
Versos bíblicos	
activación conocimiento Previo	

Demostración (Yo hago)	
Trabajo en común (Hacemos)	

Trabajo Independiente (Haces)	
Evaluamos	
Retos (Tareas)	
Notas especiales	

Fecha _____

Tema	Titulo o tema de la clase estudio o conferencia
Objetivo	
Versos bíblicos	
activación conocimiento Previo	

Demostración (Yo hago)	
Trabajo en común (Hacemos)	

Trabajo Independiente (Haces)	
Evaluamos	
Retos (Tareas)	
Notas especiales	

Fecha _____

Tema	Titulo o tema de la clase estudio o conferencia
Objetivo	
Versos bíblicos	
activación conocimiento Previo	

Demostración (Yo hago)	
Trabajo en común (Hacemos)	

Trabajo Independiente (Haces)	
Evaluamos	
Retos (Tareas)	
Notas especiales	

Fecha _____

Tema	Titulo o tema de la clase estudio o conferencia
Objetivo	
Versos bíblicos	
activación conocimiento Previo	

Demostración (Yo hago)	
Trabajo en común (Hacemos)	

Trabajo Independiente (Haces)	
Evaluamos	
Retos (Tareas)	
Notas especiales	

Fecha _____

Tema	**Titulo o tema de la clase estudio o conferencia**
Objetivo	
Versos bíblicos	
activación conocimiento Previo	

Demostración (Yo hago)	
Trabajo en común (Hacemos)	

Trabajo Independiente (Haces)	
Evaluamos	
Retos (Tareas)	
Notas especiales	

Fecha _____

Tema	Titulo o tema de la clase estudio o conferencia
Objetivo	
Versos bíblicos	
activación conocimiento Previo	

Demostración (Yo hago)	
Trabajo en común (Hacemos)	

Trabajo Independiente (Haces)	
Evaluamos	
Retos (Tareas)	
Notas especiales	

Fecha _____

Tema	Titulo o tema de la clase estudio o conferencia
Objetivo	
Versos bíblicos	
activación conocimiento Previo	

Demostración (Yo hago)	
Trabajo en común (Hacemos)	

Trabajo Independiente (Haces)	
Evaluamos	
Retos (Tareas)	
Notas especiales	

Fecha _____

Tema	Titulo o tema de la clase estudio o conferencia
Objetivo	
Versos bíblicos	
activación conocimiento Previo	

Demostración (Yo hago)	
Trabajo en común (Hacemos)	

Trabajo Independiente (Haces)	
Evaluamos	
Retos (Tareas)	
Notas especiales	

Fecha _____

Tema	Título o tema de la clase estudio o conferencia
Objetivo	
Versos bíblicos	
activación conocimiento Previo	

Demostración (Yo hago)	
Trabajo en común (Hacemos)	

Trabajo Independiente (Haces)	
Evaluamos	
Retos (Tareas)	
Notas especiales	

Fecha _____

Tema	Titulo o tema de la clase estudio o conferencia
Objetivo	
Versos bíblicos	
activación conocimiento Previo	

Demostración (Yo hago)	
Trabajo en común (Hacemos)	

Trabajo Independiente (Haces)	
Evaluamos	
Retos (Tareas)	
Notas especiales	

Fecha _____

Tema	Titulo o tema de la clase estudio o conferencia
Objetivo	
Versos bíblicos	
activación conocimiento Previo	

Demostración (Yo hago)	
Trabajo en común (Hacemos)	

Trabajo Independiente (Haces)	
Evaluamos	
Retos (Tareas)	
Notas especiales	

Fecha _____

Tema	Título o tema de la clase estudio o conferencia
Objetivo	
Versos bíblicos	
activación conocimiento Previo	

Demostración (Yo hago)	
Trabajo en común (Hacemos)	

Trabajo Independiente (Haces)	
Evaluamos	
Retos (Tareas)	
Notas especiales	

Fecha _____

Tema	Titulo o tema de la clase estudio o conferencia
Objetivo	
Versos bíblicos	
activación conocimiento Previo	

Demostración (Yo hago)	
Trabajo en común (Hacemos)	

Trabajo Independiente (Haces)	
Evaluamos	
Retos (Tareas)	
Notas especiales	

Fecha _____

Tema	Titulo o tema de la clase estudio o conferencia
Objetivo	
Versos bíblicos	
activación conocimiento Previo	

Demostración (Yo hago)	
Trabajo en común (Hacemos)	

Trabajo Independiente (Haces)	
Evaluamos	
Retos (Tareas)	
Notas especiales	

Fecha _____

Tema	**Titulo o tema de la clase estudio o conferencia**
Objetivo	
Versos bíblicos	
activación conocimiento Previo	

Demostración (Yo hago)	
Trabajo en común (Hacemos)	

Trabajo Independiente (Haces)	
Evaluamos	
Retos (Tareas)	
Notas especiales	

Fecha _____

Tema	Titulo o tema de la clase estudio o conferencia
Objetivo	
Versos bíblicos	
activación conocimiento Previo	

Demostración (Yo hago)	
Trabajo en común (Hacemos)	

Trabajo Independiente (Haces)	
Evaluamos	
Retos (Tareas)	
Notas especiales	

Sobre el Autor

Es egresado de Administración y Supervisión Escolar. (Massachusetts College of Liberal Arts. MA. USA) su tesis doctoral es "Como envolver la familia en los procesos de la escuela" enfoca las soluciones a la educación moderna. Alta Gerencia en la Universidad Tercera Edad, así como también un Doctorado en Ministerios. (The Christian University. Dr. Valenzuela es graduado de Consejería bíblica y Educación de Matrimonios.

Maestro, Escritor, Evangelista (Ex-Director General Departamento de Misiones y Evangelismo Gospel Tabernacle) (Islas Cayman, St. Lucia, Jamaica, USA), Conferencista Internacional sobre Educación (Costa Rica, Venezuela, Dom. Rep.)

Nacido en la ciudad de Santo Domingo, República Dominicana en la década de los 60. El Dr. Valenzuela escribe sobre estrategias para seguir adelante, estrategias para levantarnos y para triunfar en la vida y en los caminos cristianos.

Hoy llevamos el evangelio y el mensaje redentor a más de 100 países a través de todos los medios posibles. (TV, Radio, Internet, Cruzadas, Conferencias, Charlas, Clases en Universidades). Gracias damos a Dios por una vida restaurada y dispuesta a servir al Señor.

Participa constantemente en programas para CNN en Español y para programas de televisión locales e internacionales.

Ha sido productor radial desde el 1987

Tiene más de 70 Videos sobre familia, educación, relaciones matrimoniales y ministerios.

En Amazon puedes encontrar sus libros.

Nuestro ministerio está disponible para visitarte en todo el mundo.

Dios te bendiga.

Universidad Teológica Internacional

El Dr. Natanael Valenzuela Dirige la Universidad Teológica internacional que ofrece oportunidades de estudio para individuos, parejas, ministerios y congregaciones en general.

Entre las oportunidades de estudio se encuentran diferentes certificados, licenciaturas, maestrías y doctorados.

Historia

Una institución creada con el propósito y fin de formar líderes cristianos en un mundo necesitado..

Ofrecemos programas de formación teológica y socio espiritual contemporánea que habilitan a los hermanos y hermanas llamados a ministrar con herramientas inteligentes para la expansión del Reino de Dios.

Nos dedicamos a formar lideres entendidos de los nuevos tiempos, donde se acompaña al débil, se le apoya y se transita junto a los procesos, Hasta ver como de una pequeña Oruga nace una Fuerte Mariposa, enseñamos como ser Valientes y Esforzados a la luz del Mensaje Cristiano.

Pedagogía Cristiana

Pensum

1. Abuso Espiritual
2. Abuso y Violencia Domestica
3. Análisis de niños y adolescentes de la Biblia
4. Capellanía
5. Pedagogia
6. Tecnicas de Ensenanza y aprendizaje
7. Historia de la Pedagogia Cristiana
8. Diseño de Departamento de Educación
9. Estudiantes Especiales en La Educación Cristiana
10. Escritura de Recursos y Materiales
11. Estrategias para el éxito de los hijos
12. Estudios de Culturas

13. Organización del Mes de la Familia
14. Pedagogía Cristiana
15. Programas evangelisticos para Niños y adolescentes
16. Psicología
17. Sociología
18. Técnicas de Enseñanza Bíblica
19. Metodologia de Ensenanza Biblica
20. Tecnología al Servicio del ministerio
21. Teorías de desarrollo del Nino y Adolescente

Internados

Cada estudiante realiza un internado de acuerdo con su llamado ministerial y debe ser preaprobado por su mentor.

Cada estudiante dispone de un máximo de1 año para completar su trabajo de grado

Los internados pueden ser autorizados después que el alumno tiene aprobados un mínimo de 5 materias

Se requiere una reunión con la Universidad, el mentor y el estudiante antes de iniciar el internado para definir los parámetros de este.

Tesis y títulos

Investigación y presentación de un tema relacionado con su internado.

Los títulos son otorgados con relación a su internado:

1. Certificado- 30 Páginas. Mínimo de 5 libros de Referencias
2. Licenciatura- 50 Páginas. Mínimo de 10 Libros de Referencias
3. Maestría- 75 Páginas. Mínimo de 15 Libros de Referencias.
4. Doctorado- 100 Páginas Mínimo de 25 Libros de Referencias.

Requisitos de Admisión

Aplicación para admisión puede ser sometida en cualquier momento. Para ser admitido, todo candidato deberá haber completado la aplicación y todos los requerimientos necesarios.

* Requisito:

- Haber cumplido 18 años de edad
- Pago de cuota de Inscripción $100.00
- Diplomado: Estudios generales en la escuela (no importa el país)

- Licenciatura: diploma de secundaria, GED o equivalente (No importa el país)
- Maestría: Pruebas de Licenciatura
- Doctorado: Prueba académica de Maestría.

(Un estudiante con licenciatura pudiera inscribirse para un doctorado si reúne las siguientes características; a. trabaja en un ministerio en la iglesia b. comprende que debe realizar 10 clases extras y completa el internado a nivel de doctorado).

1. **Coaching Cristiano De Familias**
2. **Diplomado en Relaciones de Parejas**
3. **Diplomado en Coaching de Parejas**
4. **Coaching como Negocio**
5. **Especialidad en Ministerios De la Mujer**
6. **Certificación de Coaching de Vida**
7. **ESPECIALISTA EN EVANGELISMO Y MISIONES**
8. **Certificado en Liderazgo Cristiano**
9. **Serie Ministerios**

- **Adoración y Alabanza**
- **Ministerios Infantiles**
- **Evangelismo Social Y Relaciones Publicas**
- **Capellanía**
- **Administración Eclesiástica**
- **Pedagogía Cristiana**
- **Divinidades**

www.Utionline.org

WhatsApp 1-919-351-2140

Este es el mismo numero si usted necesita hacer una invitación, una consulta o si necesita adquirir libros por cantidades.

---

[i] Sebastián Ansaldo,
Periodista de la Universidad Diego Portales
[ii] Claudia Cardozo. Blogista de Internet

Made in the USA
Middletown, DE
25 September 2023